Manifeste d'un lycéen sur le système éducatif

Manifeste d'un lycéen sur le système éducatif

version 1.0

Par Mathis FLAVIN

Édition : BoD – Books on Demand,
12/14 rond-point des Champs-Élysées, 75008 Paris
Impression : BoD - Books on Demand, Norderstedt,
Allemagne

ISBN : 9-782322-392452
Dépôt légal : février 2022

Sommaire

Mon parcours : 11

Introduction 13

I) Dédoublement des classes de lycée 17

La demi-jauge et le coronavirus 17

Le mi-temps en classe, le mi-temps en autonomie.19

Apprendre en autonomie avec des cours vidéo 19

Exemple d'un chapitre de Mathématiques en demi-jauge 21

De la nécessité d'un cadre 22

Classe préparatoire au mi-temps 25

II) De nouveaux enseignements et une adaptation des anciens 29

Des formations annexes dans des domaines concrets et variés 29

Exemple avec l'enseignement optionnel numérique : 30

Un but autre que de transmettre des compétences 31

La lecture de livres de non-fiction 32

L'entreprenariat comme nouvelle spécialité 33

Modification des matières scolaires existantes : 35

Enseigner la technologie, la musique, et les arts plastiques par les projets. 35

Transformer l'histoire-géographie en histoire et science sociales... 37

Le français, la littérature, et la rhétorique. 39

La philosophie sur 2 ans... 43

Les langues avec la demi-jauge et l'application 43

Trois-quart-jauge, demi-jauge, un-quart-jauge................ 44

III) L'analyse des données pour améliorer l'éducation 45

Analyser les données pour cibler les lacunes 45

Un indicateur du niveau des élèves........................47

Le bon fonctionnement des admissions pour le supérieur nécessite un bon indicateur du niveau des élèves 47

Des examens nationaux chaque fin de semestre 50

L'utilisation de ces données pour améliorer l'éducation nationale 52

Point sur la protection des données........................55

Bilan budgétaire 59

Coût de l'ensemble de la proposition 59

Un ordinateur portable par élève à l'entrée en seconde : 380 millions d'euros/an 59

Construction et adaptation des environnements en espace agréable pour travailler en autonomie : 5 milliards d'euros, une fois.. 59

Coût en salaire du personnel des bibliothèques 740,4 millions d'euros/an 60

Coût des examens -25,5 millions par an 60

Coût de la création de l'application et des contenus : négligé 61

Coût de la prime pour la classe préparatoire : 200 millions d'euros/an.. 61

Conclusion : une augmentation du budget équivalant à 0,8%... 62

Augmentation du salaire des enseignants au lycée 62

Conclusion 65

Synthèse des propositions 67

Merci à
Sophie LEBAS
Léonille STOS
François BELCOURT
Et mes parents, Edouard et Valérie FLAVIN
Pour leurs critiques, leurs retours et leur soutient

Mon parcours :

Je m'appelle Mathis Flavin, je suis né en 2003, j'ai donc 18 ans et je suis en première année d'études supérieures.

Je sors donc tout juste du lycée, j'ai eu mon bac en 2021 avec les spécialités : Mathématiques, Physique, NSI : (Numérique et Sciences Informatiques)

Depuis la 4e je suis très intéressé par l'entreprenariat. En 2018 je crée memoreasy.fr, une application pour mieux apprendre le par-cœur à l'école. L'application se base sur un algorithme dont l'efficacité a été prouvée dans de nombreuses études scientifiques. En 2020, je lance otesa.fr, une file d'attente numérique pour les cantines et les cafétérias des lycées.

En 2022, affligé par l'absence de l'éducation dans les débats pour l'élection présidentielle, je décide d'écrire ce manifeste reprenant toutes les idées sur le collège et le lycée que j'ai eu en tant que collégien et lycéen.

Si vous avez des retours, des critiques, des conseils, ou si vous souhaitez simplement échanger avec moi, vous pouvez me contacter par mail : manifeste.education@gmail.com

Je crois sincèrement que mes propositions profiteraient à tout le corps enseignant, aux élèves, et au pays dans son ensemble.

Vous pouvez croire en l'honnêteté de ma démarche

Mathis FLAVIN

Introduction

L'éducation nationale est le premier budget de l'État, 21%[1], 166 milliards d'euros y sont consacrés chaque année[2].
Et pourtant, aucun des candidats pour les prochaines élections présidentielles ne propose de transformation majeure de l'enseignement. La thématique est inexistante dans les débats, d'autres sujets sont préférés : la sécurité, le civisme, la culture, la crise sociale, l'économie.

Je trouve cela dommage, car je crois que l'éducation est le cœur de ces problèmes, et le cœur des solutions possibles. Je crois qu'une solution efficace, durable et pérenne pour nos finances peut trouver sa source dans un changement de notre système éducatif.

Je crois que l'éducation nationale pourrait être un outil puissant pour soutenir l'action publique. Je crois que le regain d'un dynamisme économique, l'amélioration de notre justice sociale et le rayonnement de notre culture, doivent être des objectifs de l'éducation nationale.

Néanmoins je pense l'outil rouillé. Notre système éducatif tente toujours avec du retard à s'adapter au monde contemporain, il

---

[1] D'après le ministère de l'économie, de la finance, et de la relance : https://www.budget.gouv.fr/budget-etat/ministere?annee=55&loi_finances=52&type_budget=43&type_donnee_budget=ae&op=Valider
[2] D'après le ministère de l'éducation nationale : https://www.education.gouv.fr/le-budget-et-les-finances-du-systeme-educatif-89252

n'essaye plus de l'influencer. Il faut ramener de la souplesse à l'école.

En tant qu'élève, je pense aussi que l'école n'a pas atteint son plein potentiel, je crois que l'on pourrait être beaucoup plus efficace dans la transmission des savoirs, et dans l'éducation en général. Je trouve frustrant les problèmes et les difficultés auxquels est confronté notre système éducatif, car il y a tellement de choses à faire, de solutions possibles.

Je crois enfin que s'investir pour améliorer les générations futures est un objectif juste et beau. Il n'y a d'ailleurs pas de plus grandes gloires que d'améliorer la génération suivante, car une fois cela fait, celle-ci pourra faire de même avec celle d'après, et ainsi de suite ce qui lancera l'humanité vers la prospérité éternelle.

Mais que doit faire le gouvernant ? Il doit concilier ce qui convient aux principes et ce qui convient aux circonstances. Or, les circonstances sont que :

- Les enseignants ne sont pas assez bien rémunérés,
- Il y a trop d'élèves par classe,
- 51% du budget de l'éducation nationale est consacré aux salaires des enseignants
- Enfin, nous ne sommes pas dans la capacité de doubler le budget alloué à l'école.

Comment améliorer le système scolaire sans augmenter drastiquement les dépenses associées ? Telle doit être la question du gouvernant. Il doit y penser sans cesse. Il doit y concentrer toute l'énergie de son caractère, et tout le feu de son imagination car c'est ce qui sera nécessaire pour dégeler le système scolaire. L'école a besoin d'idées nouvelles et disruptives.

J'espère que les gouvernants ou que les futurs gouvernants ont la même vision que moi du potentiel de l'éducation nationale. Alors dans le but de les aider, j'ai mis à l'écrit les idées que j'ai eues durant toute ma scolarité.

Pour que le système scolaire gagne en souplesse ce manifeste proposera, dans un premier temps, le fondement d'un nouveau système d'enseignement : La demi-jauge en classe couplée avec une plateforme numérique d'enseignement.

Il proposera ensuite de transformer les matières enseignées, soit en changeant la façon dont on enseigne ces domaines, soit en clarifiant les objectifs qui y sont associés.

Ce manifeste traitera enfin de comment l'éducation nationale peut utiliser l'analyse des données pour améliorer le système scolaire.

Détaillons ces propositions maintenant.

I) Dédoublement des classes de lycée

La demi-jauge et le coronavirus

Nous relevons que cinquante et un pour cent du budget de l'éducation nationale est consacré à la rémunération des enseignants. Aussi, nous devons, nous qui souhaitons améliorer son efficacité sans devoir augmenter drastiquement son budget, nous demander comment nous pouvons maximiser l'apport de l'enseignant à la classe.

Un enseignant apporte trois choses à une classe :

1) Des connaissances, il les transmet grâce à ses cours.
2) Il peut conseiller individuellement ses élèves. En tant que professeur en comprenant les difficultés de chaque élève et en lui expliquant. Mais aussi en tant qu'adulte.
3) Il apporte des conditions de travail favorables grâce à son autorité.

Avec une moyenne de 30,2 élèves par classe au lycée, l'enseignant ne peut passer que peu de temps sur les aspects traités aux points 2) et 3), le dernier point, portant fortement préjudice au point 1), c'est alors l'ensemble de l'enseignement qui perd de son efficacité.

Il y a un consensus général sur le fait qu'il y ait trop d'élèves par classes. La question est de savoir comment changer cela, tout en sachant que doubler le nombre de professeurs n'est pas envisageable, d'autant plus que l'on aimerait aussi augmenter leurs salaires afin d'attirer les meilleurs.

A la fin de l'année 2020, dans le cadre de la lutte contre la pandémie de coronavirus, il y a eu une expérience grandeur nature où les lycéens ont pu suivre les cours au sein de classes de 15 élèves. Pour l'avoir expérimentée, il y avait moins de bavardage en classes, et les élèves participaient plus. Néanmoins nous n'étions en classe qu'à mi-temps, et peu de travail était fait à la maison. De plus, les professeurs n'arrivaient pas toujours à tirer profit des groupes en demi-jauges. Le niveau des élèves a donc beaucoup baissé durant cette période.

Je crois qu'il est important de se pencher sur l'impact de cette expérience, car pour l'avoir vécue en terminale, il s'est passé, pédagogiquement, des choses très intéressantes.

J'ai donc essayé durant toute cette période d'analyser les avantages et les inconvénients de la demi-jauge. Puis j'ai réfléchi à ce que l'on pouvait faire pour supprimer les inconvénients et améliorer les avantages.

J'en ai conclu qu'une demi-jauge planifiée dans une classe organisée et outillée, sur tout le lycée peut être profitable aux lycéens.

Le mi-temps en classe, le mi-temps en autonomie.

La première proposition de ce manifeste est donc qu'à partir du lycée, les élèves ne soient plus qu'à mi-temps en classe mais au sein de groupes de 15 élèves.

Le passage en demi-jauge durant la pandémie fut désastreux pour les élèves parce qu'ils travaillaient peu à leur domicile. Notamment parce que les outils numériques pour la maison n'étaient pas assez performants. Pour que la demi-jauge soit efficace, il faut donc créer une réelle plateforme numérique d'enseignement.

Apprendre en autonomie avec des cours vidéo

Si l'on divise le temps scolaire en deux, le cours devrait plutôt être enseigné en distanciel. Le temps en présentiel pourrait être consacré aux exercices. Comme précisé ci-dessus, seul le professeur peut comprendre les difficultés de l'élève sur un exercice, et lui donner des explications en fonction. Cela sera d'autant plus aisé pour l'enseignant, et cela sera d'autant plus positif et enrichissant pour les élèves s'il n'y a que quinze élèves par classe.

L'enseignement à distance via une application, peut être plus clair, plus passionnant que l'enseignement donné par le professeur, pour transmettre des connaissances. Ce n'est pas parce que nos professeurs sont mauvais, mais parce que les formats proposés sur l'application, par exemple des vidéos, peuvent être préparés à l'avance. Dans une vidéo on peut écrire et apprendre un script, choisir les bons mots, gérer le rythme. Le professeur ne peut pas atteindre ce degré de préparation pour chaque cours de sa journée. Alors que l'on peut créer avec des professionnels de l'audiovisuel, 10 vidéos ultra-préparées et choisir la meilleure.

Il suffit de regarder le succès des chaînes YouTube de vulgarisation qui font des centaines de milliers de vues pour se rendre compte que les cours vidéo peuvent très bien marcher, car mieux préparés :

- Philosophie : Monsieur Phi 261 k abonnés
- Histoire : Nota Bene 1,94 M abonnés, Question d'histoire 417 k abonnés, Arte 2,24 M d'abonnés, Batailles de France 58,2 k abonnés,
- Maths : Yvan Monka 1,66 M abonnés, Mathrix 512 k abonnés
- Sciences : ScienceEtonnante 1,16 M abonnés, DirtyBiology 1,24 M d'abonnés

Evidemment ce sont des chaînes de vulgarisation qui transmettent des connaissances et non pas des compétences. Ils choisissent aussi leurs thèmes de vidéos en fonction de l'intérêt des auditeurs. Ce n'est donc pas comparable, mais ce n'est pas pour autant inintéressant.

Exemple d'un chapitre de Mathématiques en demi-jauge

Un chapitre de Mathématiques en demi groupe se déroulerait de cette manière :

- Une ou deux vidéos à regarder attentivement, expliquant le cours et les savoirs-faires de bases, c'est à dire les premiers exercices d'applications directes du cours.
- Une séance au lycée de deux heures où les élèves font avec l'enseignant des exercices et des problèmes de difficultés variables.
- Des exercices à faire sur la plateforme reprenant les techniques et les réflexes des problèmes du dernier cours. L'élève doit saisir sur la plateforme le résultat final trouvé. L'enseignant est informé des résultats de ses élèves. Des corrigés vidéos sont disponibles sur l'application.
  L'élève peut avoir des vidéos à regarder concernant la deuxième partie du cours.
- Une autre séance en classe de de deux heures où les élèves font avec l'enseignant des exercices et des problèmes de difficultés variables.
- Des exercices supplémentaires sont proposés à l'élève sur la plateforme, avec les corrigés détaillés en vidéo.
- Le professeur peut conclure le chapitre par un contrôle.

Chaque enseignant est bien évidemment libre d'enseigner de la manière dont il le souhaite. Ce déroulement n'est qu'un exemple d'utilisation des capacités qu'apporte une vraie plateforme numérique.

De la nécessité d'un cadre

Si l'on reprend ce qu'apporte un enseignant à ses élèves :

1) Des connaissances, il les transmet grâce à ses cours.
2) Il peut conseiller individuellement ses élèves. En tant que professeur en comprenant les difficultés de chaque élève et en lui expliquant. Mais aussi en tant qu'adulte.
3) Il apporte des conditions de travail favorables grâce à son autorité.

Nous avons amélioré le premier point par la création de vidéos travaillées, le second point est aussi amélioré, car l'enseignant est face à des classes de 15 élèves seulement, il a donc plus de temps consacrer à chacun.

Les conditions de travail sont bien améliorées sur le temps en classe, car l'enseignant n'a plus que 15 élèves devant lui. Le reste du temps par contre, quand l'élève est en autonomie, tout peut être perdu sur ce dernier point. L'un des avantages principaux de la classe physique est qu'elle oblige les étudiants à travailler, peut-être inefficacement, mais à travailler quand même durant toute la durée du cours.

L'application doit présenter le même avantage.

Sur la plateforme numérique d'enseignement, l'enseignant a un tableau de bord où il peut poster les devoirs. Il peut aussi voir si tous les élèves ont bien visionné les vidéos sur l'application et si ils ont bien réalisé les exercices. Il peut être informé de la proportion des élèves les ayant bien réussis.

Mais quand nous parlons du cadre, il ne s'agit pas seulement de l'application, mais aussi de l'endroit où travailler. La crise pandémique a révélé l'inégalité sociale liée à l'espace de travail de l'élève, au sein du foyer familial. Ce problème préexistait mais nous n'en avions peut-être pas pleinement conscience. Le mi-temps en classe en demi-jauge, imposé par le contexte sanitaire ou proposé dans ce manifeste, ne fait que l'aggraver et le révéler. Au lycée, où le travail que fournit l'élève est déterminant pour son succès, proposer un endroit pour étudier en autonomie avec des horaires souples est une question essentielle d'égalité et de performance, même avec le système actuel.

Parce qu'ils ont peu de pièces dans leur maison/appartement, ou parce que leur situation familiale est difficile, les lycéens n'ont pas toujours d'endroit adéquat pour travailler. C'est ce qu'il y a de plus critique. Mais même sans cela, il faut s'interroger sur la raison du nombre d'étudiants dans l'enseignement supérieur qui privilégient les bibliothèques pour travailler. Il y a des habitudes, des ancrages dans les chambres des étudiants, qui font que pour certains, ce ne sont pas des endroits propices pour se concentrer. J'éprouve moi-même des difficultés à travailler dans ma chambre, alors que cela disparaît complètement dans une bibliothèque ou en classe.

Il faut donc que les bibliothèques municipales passent de 30h d'ouverture en moyenne[3] à 80h. Il faut créer pour chaque lycée des espaces pour travailler équivalant à 40% des effectifs du lycée, ouvert eux aussi 80h par semaine, même durant les vacances. C'est le point le plus coûteux de ma proposition car cela représente un chantier de 5 milliards d'euros, et un coût annuel en salaire de 750 millions d'euros[4].

Ces espaces de travail sont mis à disposition des élèves. Ils n'ont donc aucune obligation de les utiliser. Néanmoins, nous pourrions imaginer qu'être présent dans ces espaces deviennent obligatoire, a la demande des professeurs, des parents, ou en cas de difficulté scolaire.

Reste la question du matériel : il faut offrir un ordinateur de qualité à tous les lycéens à l'entrée en seconde. Il lui servira durant tout son lycée et peut-être le début des études supérieures. Là encore c'est essentiel, on ne peut pas proposer une telle mesure sans donner le matériel nécessaire. Des ordinateurs portables d'excellente qualité existent à partir de 650€, donc en achetant en grande quantité, on peut en avoir pour 500€ maximum par

---

[3] En réalité la plage d'ouverture est plutôt de **14 heures** par semaines mais c'est en comptant le grand nombre de petites bibliothèques qui ne sont pas faites pour travailler. L'amplitude horaire des bibliothèques dans les villes de plus de 20 000 habitants est de 30h : https://www.culture.gouv.fr/Thematiques/Livre-et-lecture/Les-bibliotheques-publiques/Observatoire-de-la-lecture-publique/Syntheses-annuelles/Synthese-des-donnees-d-activite-des-bibliotheques-municipales-et-intercommunales/Bibliotheques-municipales-Donnees-d-activite-2014
[4] L'ensemble des coûts engendré par ma proposition, sont détaillés dans le dernier chapitre.

ordinateur. Pour les 760 000 élèves entrant en classe de seconde chaque année, cela représente un coût de 380 millions d'euros.

Classe préparatoire au mi-temps

À partir de la seconde, les élèves passent au mi-temps en classe. Cela ne se fait pas sans une période d'adaptation et de préparation à cette nouvelle autonomie. Le premier semestre de la classe de seconde s'appelle classe préparatoire.

L'intérêt des enseignements uniquement dispensés en classe, est que les élèves sont dans l'obligation de travailler au moins durant toute la durée des cours. Le cours physique garantit la quantité de travail. L'idée de la classe préparatoire est de garder ce même avantage et de l'instaurer comme une habitude chez les élèves.

Concrètement, il s'agira pour l'enseignant d'obliger l'élève à travailler durant le mi-temps en autonomie. Pour chaque matière, s'il n'y a plus que deux heures en classes au lieu de quatre par semaine, le professeur devra donner un devoir maison de 2h chaque semaine, en plus des devoirs classiques. Il maintient ainsi l'emploi du temps des élèves, même quand ils ne sont pas en classe. L'objectif de ce semestre est de pousser les élèves à apprendre à travailler en autonomie.

Cela demanderait énormément de travail de correction de la part des professeurs. Donc une partie des devoirs-maison, doit être faite sur l'application et être ainsi corrigée automatiquement. Évidemment cela rend la portée de ces devoirs-maison assez limitée, mais certaines compétences peuvent être évaluées comme cela. Une solution peut être de ne corriger qu'une fraction aléatoire de la classe à chaque fois, mais cela peut être très frustrant pour les élèves donc c'est encore une fois à limiter. Noter ces devoirs est nécessaire pour éviter qu'ils soient bâclés.

Cela demandera donc, plus de travail de correction pour les enseignants sur ce semestre. (Cf. bilan budgétaire)

Des exercices différents peuvent être donnés aux élèves, pour s'adapter au mieux à leurs difficultés et à leurs ambitions, et pour limiter la copie entre les élèves, qui ruinerait les efforts des enseignants. Quand c'est possible, en science notamment le même exercice peut être donné, mais avec des données différentes. Ces exercices peuvent être proposés et générés par l'application.

Ce semestre serait découpé en deux périodes égales. La première période aurait pour but de pousser les élèves à trouver des solutions pour travailler, parce qu'il y a des devoirs à rendre régulièrement. L'élève est donc toujours dans l'urgence.

La seconde période a pour objectif de pousser les élèves à s'organiser et à travailler sans ce sentiment d'urgence. Le procédé est identique, des devoirs maison à faire régulièrement, et la même charge de travail. Mais l'ensemble des devoirs ne seront récupérés que le dernier jour du semestre. Il n'est donc pas possible de faire tous ces devoirs à la dernière minute. L'enjeu pour l'élève sera donc de s'organiser durant toute cette période, et de réussir à tenir son planning.

L'objectif de ce mi-temps est aussi de rendre le lycéen plus autonome, de le rendre acteur de sa formation. Actuellement beaucoup d'élèves la subissent, et y restent complètement passifs, avec ce mi-temps ce n'est plus possible.

On parle souvent d'apprendre à apprendre, et que l'école manquerait à son devoir sur ce sujet. Cependant faire des cours de méthodologie semble vraiment peu pertinent. Apprendre à apprendre est nécessairement un entrainement très personnel. Tout ce que l'école peut faire pour transmettre cette compétence essentielle, est de pousser l'élève à travailler en autonomie.

II) De nouveaux enseignements et une adaptation des anciens

La première partie de ce manifeste tentait d'élaborer une base sur lequel un nouveau système scolaire peut s'appuyer, voyons dans cette deuxième partie comment nous pouvons l'utiliser au mieux.

Des formations annexes dans des domaines concrets et variés

Plus un élève travaille et plus il est efficace ; plus il apprendra de choses. Pour augmenter le niveau des élèves, il faut essayer d'augmenter le nombre d'heures travaillées et d'augmenter l'efficacité sans augmenter la pression que subissent les élèves.

Ainsi, si un élève souhaite découvrir un sujet, approfondir une thématique, rien ne doit l'en empêcher, au contraire, il doit y être encouragé, cela devrait être le plus facile possible.

Cela doit être possible pour tout collégien, pour les lycéens, et d'une manière générale pour tous les Français. Ainsi, la plateforme présentée dans le chapitre précédent doit être accessible à tous les Français et les élèves doivent y avoir accès dès l'entrée au collège. Nous devons aussi y ajouter un certain nombre d'enseignements optionnels dont nous allons voir quelques exemples.

Exemple avec l'enseignement optionnel numérique :

La nécessité de ces enseignements est flagrante pour la programmation et tous les métiers du numérique en général. Le nombre de jeunes qui ont envie d'apprendre à développer est impressionnant. J'ai moi-même appris seul à développer dès la 4ème sur internet, en autodidacte. Pourquoi alors est-ce nécessaire de rajouter des cours sur l'application s'il est possible d'en trouver sur internet ?

D'abord, parce que certains cours d'approfondissement sont payants. Par ailleurs lorsque l'on est collégien et que l'on débute, il n'est pas facile de se familiariser avec les documentations en anglais des différentes technologies.

Ensuite, parce qu'avoir ces formations sur l'application, peut donner l'idée aux jeunes d'apprendre. Je suis convaincu que le nombre de collégien, lycéen qui se lanceraient dans ce type d'apprentissage serait bien plus important si ils en avaient simplement l'idée.

Enfin, parce que l'apprentissage en autodidacte n'est pas reconnu par le système scolaire. Ce n'est donc pas des compétences valorisables sur parcours-sup, alors que pour certaines formations, cela pourrait être très utile. Certaines écoles pourraient demander un certain niveau d'avancement dans ces enseignements, normalement optionnels, pour leurs admissions. Elles s'assurent ainsi d'un niveau plus homogène.

L'enseignement de la programmation pourrait commencer avec Scratch, l'application utilisée au collège pour introduire à la programmation. Puis avoir différents parcours : web, mobile, jeux vidéo, IA, sécurité, programmation embarquée. Ce dernier parcours pourrait avoir un lien avec un autre enseignement optionnel comme la robotique. Certains de ces parcours pourraient nécessiter des prérequis, en mathématiques par exemple. Mais vu que l'élève a aussi accès aux enseignements de mathématiques, il peut s'avancer sur les sujets qui lui sont nécessaires si il le souhaite.

Ces enseignements n'ont pas besoin d'être simplifiés pour plaire aux collégiens, il faut juste qu'ils soient clairs et qu'ils permettent aux jeunes élèves de réussir. Plus c'est proche d'un niveau professionnel plus le jeune sera fier et aura envie de progresser.

Un but autre que de transmettre des compétences

J'ai proposé l'exemple de la programmation, car c'est un sujet sur lequel j'ai de l'expérience. Néanmoins la même chose peut être faite pour l'illustration ou la musique, le design, la photo, la vidéo, l'électronique, la robotique, la cuisine et tous les métiers d'artisanat... (cela nécessiterait le retour d'atelier dans le cadre scolaire aujourd'hui réservés aux seuls établissements scolaires techniques, mais si l'on veut réindustrialiser la France cela passe nécessairement par-là.)

Le but est de pousser l'élève à se découvrir des passions, qui lui donneront des idées d'orientation professionnelle. Le nombre de jeunes qui n'ont aucune idée de ce qu'ils veulent faire est effrayant. Le problème n'est pas seulement qu'ils doivent parfois se réorienter dans leurs études, ce qui engendre des coûts. Le problème est que, tant que les élèves n'ont pas une vision d'eux-mêmes dans le futur, ils subissent leur formation, ils la suivent par obligation, ne sont pas épanouis dans celle-ci et ne s'investissent pas autant qu'ils le devraient. On ne se forme pas une vision de soi-même et on ne choisit pas une orientation professionnelle en se renseignant sur tous les métiers qui existent, mais en se passionnant pour des domaines différents.

C'est aussi une question de bien-être et de fierté. Tous les élèves pourront trouver un domaine qu'ils pourront approfondir, et donc devenir bon dans celui-ci. L'objectif est que chaque élève puisse se dire qu'il n'est pas bon à rien. L'autodénigrement est très présent dans les lycées

Cela peut aussi permettre de mieux valoriser les lycées professionnels. Ces lycées pourraient demander un certain niveau dans les parcours associés ce qui rendrait leur admission bien plus gratifiante.

La lecture de livres de non-fiction

Avec les mêmes objectifs que les formations annexes, les élèves devraient être poussés à lire des livres de non-fiction.

Lire des livres de non-fiction permet de mieux comprendre le monde, cela permet rarement d'acquérir des compétences, mais cela permet de mieux comprendre un domaine. Il faut que les lycéens en lisent pour leur culture générale, pour l'ouverture d'esprit et pour découvrir de nouveaux domaines. Cela leur sera utile pour leur orientation.

Je propose donc qu'il y ait un atelier de lecture rapide au premier semestre de seconde. Cela me semble être une compétence essentielle à avoir. Puis, après toutes les vacances d'avril et de Toussaint, qu'il y ait à rendre un document portant sur leur réflexion par rapport à un livre de non-fiction (ou un livre qui a un intérêt dans leur formation). Les élèves choisissent le livre qu'ils souhaitent lire. Cela ferait donc 5 livres de non-fiction à lire. Certains peuvent être proposés aux élèves.

L'entreprenariat comme nouvelle spécialité

Nous avons du chômage parce que nous n'avons pas assez d'entrepreneurs. Le dynamisme économique vient pour partie de la création de nouvelles entreprises, et de l'innovation dans les entreprises existantes.

Il faut donner l'idée et l'envie, aux jeunes d'entreprendre. Beaucoup n'en ont juste pas l'idée. Par la création d'une nouvelle spécialité appelée "Entreprenariat", nous pouvons donner l'idée à tous les jeunes, car ils savent que s'ils prennent la spécialité, ils monteront un projet et possiblement une entreprise.

Avec les formations annexes, les élèves ont déjà des compétences utiles qui peuvent avoir un intérêt professionnellement. Si ils ont une idée, ils peuvent donc se lancer dans la création d'une entreprise. L'enseignement est composé de quelques cours théoriques pour expliquer les stratégies de bases (Lean startup), puis des entretiens projet par projet avec le professeur ou un intervenant chaque semaine. L'évaluation se fait par la progression de leurs projets. L'examen de fin de semestre (cf. chapitre prochain) se fait par un oral au cours duquel ils doivent démontrer leur progression. Les projets peuvent se faire seul ou en équipe.

C'est tout à fait possible d'entreprendre dès le lycée. Avec la proposition de formations annexes, les élèves peuvent déjà savoir programmer, designer une interface, composer de la musique, disposer de bases en artisanat, des compétences de cuisinier… Avec ces compétences-là, les projets possibles et réalisables dès le lycée sont infinis.

L'objectif de cette spécialité n'est pas de créer des entreprises viables, mais plutôt de former les élèves, de leur donner l'idée, et qu'ils lancent d'autres projets entrepreneuriaux pendant et après leurs études. On aura ainsi 10% de la population, qui, à chaque fois qu'ils apprennent quelque chose, ou qu'ils voient un problème, se demandent si il n'y a pas un projet à monter. C'est de cette façon qu'on arrivera à lancer un dynamisme économique. Cette solution est peu chère et c'est peut-être, parmi toutes les politiques économiques, celle qui aura le plus d'impact.

Modification des matières scolaires existantes :

Enseigner la technologie, la musique, et les arts plastiques par les projets.

Pour l'art plastique et la musique, de nombreux élèves pratiquent beaucoup ces disciplines en dehors des cours. Pour les autres, certains peuvent trouver ces matières amusantes, d'autres ennuyantes, mais l'intérêt pédagogique de ces enseignements obligatoire m'a toujours paru très faible. Par contre en classe de sixième, j'ai participé à un projet où l'on a créé un concert. Cela avait beaucoup de sens pour moi et mes camarades. Cela a beaucoup plu. L'intérêt pédagogique était palpable.

C'est un peu différent en Technologie. Cette matière souffre d'un problème de programme. Alors que c'est une matière qui devrait nous permettre de comprendre les nouvelles technologies et d'être capable de les utiliser, de faire des projets, de construire des choses ; nous passons l'immense majorité du temps complètement à côté. Nous nous attardons sur des questions de vocabulaire, de fonction d'usage, d'estime, nous faisons des diagrammes pour comprendre l'utilité des objets. Je m'interroge vraiment sur la pertinence de ces enseignements.

Je crois que ces trois enseignements dysfonctionnent. Je crois que ce sont trois matières qui pourraient par contre très bien fonctionner en mode projets, combinés avec notre plateforme numérique.

Sur la plateforme, on pourrait imaginer, qu'il y ait d'un côté les matières classiques (Français, histoire-géographie, mathématiques, sciences...) et les enseignements optionnels d'un autre côté. Ces enseignements pourraient être séparés en branche : programmation, illustration, musique, etc... Dans chacune de ces branches les enseignements sont séparés en formation. Toutes ces formations ont besoin de valider une partie des prérequis pour y avoir accès. Elles sont ensuite composées de vidéos, d'exercices, et à la fin, d'un gros projet à réaliser.

Ma proposition est que certains de ces enseignements soient finalement obligatoires pour pousser les élèves à les découvrir (la première formation de chaque branche par exemple). Ensuite chaque élève devrait suivre, chaque année, au moins deux formations dans deux branches différentes, et donc faire au moins deux projets. Cela remplacerait l'enseignement artistique/technologique obligatoire au collège.

Les enseignants pourraient alors aider et suivre les élèves dans leurs projets. Ils doivent aussi pousser les élèves à aller plus loin que ce qui est obligatoire. Ils pourraient lancer et organiser des projets plus ambitieux regroupant plusieurs élèves : création d'un orchestre de l'école, projet de bande dessinée, participation à un concours de robotique inter-école. Je suis à peu près certain qu'un projet de création de jeu vidéo, réunissant les enseignants de technologie, de musique et d'art plastiques, et s'appuyant sur les cours de programmation, de musique et d'illustration qui sont sur l'application, aurait beaucoup de succès. Je pense d'ailleurs que ce mode de fonctionnement devrait aussi plaire aux enseignants qui auraient, grâce à ce changement, des élèves passionnés devant eux.

Transformer l'histoire-géographie en histoire et science sociales

D'abord, quel est le but de l'Histoire ?

Il me semble que l'objectif n'est pas d'apprendre une suite d'événements, mais plutôt de profiter d'une histoire qui fait de notre pays une nation, pour croiser les thèmes que l'on n'a pas le temps de voir autrement, mais qui sont importants pour comprendre le monde et qui sont nécessaires dans notre rôle de citoyen : la sociologie, l'économie, la géopolitique, l'anthropologie

L'Histoire Géographie devrait être renommée Histoire et Sciences Sociales, car ce sont bien les sciences sociales que l'on cherche à transmettre, autour de l'Histoire.

L'historien n'étudie pas le passé, il observe le temps qui passe[5]. Le rôle de cette matière devrait être donc d'étudier l'histoire et d'essayer de comprendre quels sont les causes économiques, sociales et politiques qui font que les événements se sont passés ainsi, et pas autrement.

Traiter avec une telle profondeur l'histoire ne permet pas de travailler en plus la géographie. Néanmoins les sujets traités en géographie entrent souvent dans les sciences sociales. Pour que

---

[5] Phrase de Yves CARSALADE dans son livre « Les grandes étapes de l'histoire économique ». Le but de l'historien n'est donc pas de connaitre les faits passés, mais de comprendre leurs causes et leurs conséquences.

l'enseignement soit complet, davantage de temps pourrait être consacré à l'histoire proche.

Je voudrais traiter enfin de la question des évaluations d'histoire-géographie. L'unique heure pour écrire une dissertation ou "réponse à une question problématisée" se transforme rapidement en une restitution de connaissance qui n'a que peu d'intérêt.

Ce que je propose plutôt, à partir du lycée, c'est une épreuve de deux heures où l'élève doit réaliser une uchronie, sur un sujet donné. Une uchronie est un récit d'évènements fictifs à partir d'un point de départ historique. Exemple : "Et si les flottes Françaises et Espagnoles avaient gagné la bataille de Trafalgar". À partir du sujet, et d'un léger paragraphe expliquant ce que l'on change exactement par rapport à l'Histoire, l'élève doit essayer d'imaginer et d'expliquer ce que ces changements auraient engendré comme conséquences.

Contrairement à ce que l'on pourrait penser, ce n'est pas de l'imagination, c'est de la déduction. Cela nécessite une très bonne compréhension du contexte politique, économique et social de l'époque en question. Cela nécessite de se poser des questions, de réfléchir sur l'histoire. Nous ne demandons pas une suite de dates à l'élève, nous demandons plutôt une compréhension fine des enjeux de l'époque. Évidemment les élèves pourront avoir des résultats très différents les uns des autres, ce que l'on va juger, c'est la plausibilité des événements proposés et leur justification par rapport à ce qui s'est passé dans la réalité.

Cela nécessite le visionnement de nombreuses vidéos sur l'application et de beaucoup s'exercer en classe avec des avis différents pour bien comprendre l'époque. C'est néanmoins plus accessible que la dissertation, car les élèves rédigent une histoire. C'est aussi bien plus intéressant et ludique.

Je crois que la matière aurait beaucoup plus de sens ainsi. Parce que si l'on dit qu'étudier l'histoire permet de comprendre le présent, ce n'est pas la connaissance des grandes dates et des évènements qui le permet, mais le fait que l'on soit capable d'effectuer des uchronies sur le présent. « Si l'on décide de prendre cette décision politique au lieu de celle-ci, quel impact cela aura-t-il sur notre futur ? » Pour être capable de faire ces uchronies sur le présent, nous avons besoin de base en économie et en sociologie, et une connaissance des derniers faits historiques.

Le français, la littérature, et la rhétorique.

On peut remarquer que la matière "Français" est divisée en 2 temps. D'abord du début de la primaire à la classe de cinquième, l'enseignement porte sur le Français, il s'agit d'apprendre à lire, à écrire, à maîtriser les règles d'orthographe et de grammaire et bien sûr de donner l'envie de lire. Puis, de la classe de quatrième à la classe de première, progressivement, l'enseignement ne porte plus sur le Français, mais sur la Littérature, l'objectif est d'étudier des œuvres littéraires.

Sur l'enseignement du français, nous savons ce qu'il y a à faire. Il faut faire des dictées, il faut faire lire. Il y a juste un point que j'aimerais préciser.

Les règles de grammaire ont un rôle descriptif et non pas prescriptif. Les règles de grammaire décrivent le français que les Français écrivent, et permettent donc à quelqu'un qui veut apprendre la langue (un élève par exemple) d'apprendre à écrire comme les Français plus rapidement. Dans le cas où une règle ne décrirait pas (ou plus) une réalité, c'est la règle qui est fausse et non les Français qui se trompent. Le français évolue.

Cela étant, il y a un certain nombre de règles qui sont fausses, qui complexifient inutilement l'apprentissage. Il faut donc les abandonner, car elles ne représentent plus aucune réalité.

En revanche, à partir de la classe de 4e, le Français, la littérature pourrait grandement s'améliorer.

Il y a deux épreuves possibles au bac de Français : la dissertation, et le commentaire de texte. La grande majorité des élèves prennent le commentaire[6] et la majorité du temps en classe est justement consacrée à l'étude et l'analyse d'extraits.

L'objectif de l'analyse littéraire d'extraits est de relever dans un extrait la tonalité, le caractère, les figures de style, le rythme, la structure du texte, et d'en déduire les intentions de l'auteur. Les élèves relèvent alors toutes ces choses durant deux ans, et après ça ils ne le font plus jamais. Le bénéfice final est nul.

---

[6] Ils étaient seulement 10 à 15% à prendre la dissertation en 2014 mais c'était à une époque où il y avait encore le sujet d'invention. Je dirais cependant d'expérience que ce chiffre s'est maintenu.
https://etudiant.lefigaro.fr/orientation/actus-et-conseils/detail/article/les-bacheliers-ne-veulent-plus-disserter-5804/

Pourtant, ce n'est pas inutile. Nous ne faisons simplement que la moitié du travail. À quoi cela peut bien servir d'analyser un extrait, à un degré que l'on ne cherchera jamais autrement. À quoi cela peut bien servir d'analyser le style d'un auteur sinon à essayer de s'en inspirer pour améliorer son propre style ? Améliorer son expression écrite et orale, c'est aussi à cela que devrait servir la littérature, et c'est pourquoi je propose de renommer le Français, à partir de la 4ᵉ et jusqu'à la seconde, en "Rhétorique".

L'objectif est donc qu'à la fin de cet enseignement, un élève soit capable d'écrire un discours construit, convaincant et stylisé. Comme actuellement, un temps conséquent serait consacré à l'analyse d'extraits. Leurs études devraient tenter de comprendre les différentes structures qui fonctionnent bien, comme nous le faisons aujourd'hui. En plus de cela, les élèves devront tenter de les reproduire sur un autre sujet. L'étude devra aussi permettre aux élèves de distinguer les différents styles littéraires, l'objectif est à chaque fois de s'en inspirer pour améliorer leur rédaction.

Nous pourrions par exemple commencer par le classicisme, qui admet la clarté et la précision comme valeurs principales. Le cours commencerait par la rédaction d'un texte par les élèves. Puis nous pourrions lire un livre du style classique et faire l'analyse détaillée d'un ou de deux extraits. Nous pourrions enfin demander aux élèves de reprendre leurs textes initiaux et en s'inspirant des extraits et du livre, de le rendre plus clair, plus concis.

Nous pourrions ensuite faire de même avec le réalisme. Nous tenterons alors, par la lecture, par l'analyse et enfin par la pratique, de pousser les élèves à travailler leurs descriptions. Décrire uniquement les faits, mais les choisir avec soin pour donner l'impression de dévoiler le réel. Puis nous pousserons les élèves à se documenter, à écrire en s'appuyant sur un travail conséquent de documentation et ils étudieront ainsi le naturalisme.

Puis on pourrait étudier le romantisme. L'élève travaillera sur l'expression de ses sensations et de ses émotions toujours en se basant sur la lecture d'un livre puis l'analyse d'un ou plusieurs extraits.

Enfin les élèves pourront s'essayer au baroque. L'objectif sera d'innover, de jouer avec la langue, d'utiliser des figures de style amusantes et de créer des métaphores nouvelles.

En classe, les élèves et les enseignants pourraient se concentrer sur l'analyse d'extraits et la rédaction. Sur l'application, il pourrait y avoir l'analyse d'autres extraits mais aussi des corrections vidéo de rédactions d'élèves, où l'enseignant explique comment les idées de chaque phrase, de chaque paragraphe, auraient pu être mieux exprimées.

D'autres enseignements pourraient aussi être faits dans cette matière, notamment en expression orale où les élèves pourront exprimer leurs textes, discours.

L'objectif est l'amélioration de la rédaction des élèves. Dans leurs structures, dans leurs styles et enfin dans leur propos. La crédibilité de quelqu'un est souvent conditionnée par la qualité de sa rédaction. Enseigner à bien rédiger permettrait de gommer les inégalités.

La philosophie sur 2 ans

La Rhétorique serait enseignée de la classe de 4e à la classe de 2nde, ce qui permettrait d'étendre l'enseignement de la Philosophie sur deux ans pour les filières générales et technologiques : en classes de première et de terminal.

L'enseignement de philosophie est utile est nécessaire pour faire des humains et des citoyens éclairés. Je pense que l'utilisation des vidéos sur l'application va beaucoup aider la matière.

L'objectif de cet allongement est de passer plus de temps sur la philosophie politique, sur la philosophie de la religion, du travail et du bonheur qui manifestement manquent pour un débat public constructif.

Les langues avec la demi-jauge et l'application

Les langues sont certainement les enseignements qui profiteront le plus du dédoublement des groupes et du mi-temps en classe présenté au premier chapitre. Certaines applications pour apprendre les langues se révèlent très efficaces, surtout au niveau du vocabulaire et de la grammaire. La compréhension écrite et orale pourrait aussi être travaillée sur l'application, avec un texte ou un audio puis un QCM vérifiant la compréhension.

Le temps en classe pourrait donc être concentré sur l'expression et le suivi des élèves. C'est pourquoi, en fonction de la volonté du professeur, des groupes en plus petit nombre que la demi-jauge pourrait être formé. L'enseignant pourrait même, de temps en temps prendre les élèves un par un pour discuter en anglais avec eux.

Trois-quart-jauge, demi-jauge, un-quart-jauge

Le dernier paragraphe a montré qu'en langue, cela pouvait être utile d'être en classe qu'avec un quart des élèves. D'autres matières comme la Physique Chimie profitent moins du mi-temps car une grosse partie de l'enseignement consiste en des TP. On pourrait alors imaginer un ¾ de temps. La demi jauge proposée n'est donc qu'une moyenne à adapter en fonction des enseignements. Les classes sont dorénavant des groupes de 15 élèves.

III) L'analyse des données pour améliorer l'éducation

C'est l'une des grandes révolutions de notre siècle. Nous pouvons désormais tirer de grands bénéfices de la récupération de données. L'école peut aussi en profiter.

Analyser les données pour cibler les lacunes

L'un des problèmes de l'école vient des lacunes. Elles peuvent venir pour des raisons très diverses. L'oubli est certainement la raison la plus courante, les lacunes peuvent aussi venir d'une incompréhension non traitée, d'un programme qui n'a pas pu être terminé, d'un manque d'attention ou de travail momentané… Les raisons sont nombreuses et les conséquences sont catastrophiques.

A l'école, après l'apprentissage d'un sujet, tous les enseignements qui suivent considèreront que cette compétence est acquise. Une lacune fragilise donc tout le parcours scolaire d'un élève.

Dans le système actuel, c'est en plus assez compliqué d'identifier les lacunes et de les combler. Si un élève est motivé à retrouver un bon niveau dans une matière, il peut se retrouver bloqué par ses lacunes. Il se décourage alors, gardant en lui un fort sentiment d'échec. Face à cela, l'Éducation nationale a mis en place des AP, apprentissages personnalisés. Ils ne sont pas vraiment personnalisés, il s'agit plutôt de groupe de niveaux : remédiation pour ceux qui sont justement en difficulté et d'approfondissement pour ceux qui se débrouillent. Les groupes de remédiations tentent de combler les lacunes, mais agissent complètement à l'aveuglette. Ce n'est pas possible avec cette organisation de cibler précisément chaque lacune de chaque élève individuellement. Par ailleurs, ceux qui ont déjà un bon niveau peuvent aussi avoir des lacunes qui les empêchent d'atteindre un excellent niveau.

Avec l'application et une bonne gestion des données, il est possible de prévenir l'oubli par des rappels occasionnels, et d'identifier les lacunes. Pour identifier les lacunes, le système de compétences qui est déjà en place au collège peut être très pratique. Chaque exercice va être lié à une ou plusieurs compétences. Au fur et à mesure qu'un élève fait des exercices sur la plateforme et qu'il est évalué durant ses contrôles, l'application enregistrera le niveau de l'élève pour chaque compétence. Un algorithme pourra alors remarquer par exemple que tous les exercices qui demandent à un moment d'utiliser la proportionnalité sont ratés. Nous pourrions alors soupçonner une lacune au niveau de ce chapitre de 6e. Des exercices de base peuvent alors être proposé à l'élève, s'il réussit cela lui a peut-être permis de se rappeler de quelque chose, et s'il n'y arrive pas nous pouvons lui remontrer des vidéos, refaire des exercices et combler la lacune.

De même en anglais, nous pouvons se rendre compte que l'élève fait régulièrement des erreurs sur un des temps. Nous pouvons le détecter et combler la lacune. Nous pouvons faire de même avec toutes les matières. L'analyse des données et l'algorithmie sont des outils magiques qui ne sont malheureusement pas utilisés par l'éducation nationale. Ses applications ont pourtant un potentiel énorme pour améliorer notre système éducatif.

Un indicateur du niveau des élèves

Pour analyser des données, il faut qu'elles soient toutes dans le même langage. Un 10/20 dans une classe d'un lycée, doit vouloir dire la même chose dans une autre classe, d'un autre lycée. Ce n'est actuellement absolument pas le cas. Nous avons besoin d'un bon indicateur du niveau de chaque élève.

Le bon fonctionnement des admissions pour le supérieur nécessite un bon indicateur du niveau des élèves

C'est une question de justice. L'indicateur actuellement utilisé est la note.

Imaginons un élève, comme il y en a beaucoup, il est déterminé à améliorer son niveau dans une matière scolaire. Ses notes sont moyennes, mais il travaille beaucoup pour les améliorer. À la fin de l'année, sa moyenne a augmenté de 2 points. Il peut être fier de lui. C'est considérable 2 points cela montre une réelle amélioration de son niveau. Pourtant lors de la remise de son dossier sur parcours-sup, les écoles n'en verront rien, parce qu'entre ses professeurs et les professeurs de la classe d'à côté, on peut voir un écart de 2 points entre les moyennes. Notre élève a juste atteint le niveau moyen de l'autre classe.

La note ne permet pas d'indiquer le niveau de l'élève et aucune information sur parcours-sup ne le permet

La note n'est pas un indicateur du niveau de l'élève. Et pour les admissions en étude supérieure, cet indicateur est nécessaire, c'est le plus important. Évidemment d'autres informations sont transmises sur Parcours sup. Le rang et la moyenne de la classe par exemple. Mais là encore ce n'est pas le niveau de l'élève qui est indiqué, mais le niveau de l'élève par rapport à celui de la classe. Or, toutes les classes de France n'ont pas le même niveau. Il dépend des élèves : 30 élèves n'est pas un nombre suffisant pour que les moyennes soient stables au cours des années. Il dépend aussi des lycées. Certains lycées donnent un meilleur niveau à leurs étudiants que d'autres, et notent différemment. Les écarts peuvent être considérables.

On pourrait argumenter que c'est une injustice que certains lycées donnent un meilleur niveau que d'autres. Et donc que les élèves ne seraient pas responsables de leur niveau, mais qu'ils seraient plutôt responsables de leur niveau par rapport au niveau moyen du lycée. Le fait que les notes s'adaptent en fonction du niveau du lycée compenserait donc cette injustice.
Les quotas boursiers existent pour des raisons similaires. Nous considérons qu'il n'y a pas assez d'élèves boursiers dans les grandes écoles, et donc, sans régler l'origine de cette inégalité, nous faisons remonter dans les classements les élèves boursiers.

Mais la conséquence c'est que les écoles du supérieur ont des niveaux plus hétérogènes à gérer. Ainsi les meilleurs auront un enseignement pas assez poussé par rapport à ce qu'ils seraient capables de faire, et les moins bons auront un fort taux d'échec. D'ailleurs qu'est-ce que la justice sociale ? La justice c'est que, quelle que soit l'origine sociale, l'école primaire, le collège, le lycée, tout cela n'ait, à aucun moment, une influence sur le parcours scolaire. Or justement, quand nous faisons remonter dans les classements les élèves boursiers, l'origine sociale influence directement le parcours scolaire. Quand les moins bons lycées notent plus gentiment leurs élèves, et ainsi les avantagent sur parcours sup, le lycée influence directement la suite du parcours scolaire. C'est une injustice. Or, nous ne résoudrons pas des injustices en créant d'autres injustices.

Comprenez-moi bien, je ne dis pas qu'il n'y a pas un problème de fond. Je dis que les moyens pour les régler sont, non seulement injustes mais qu'en plus ils rendent l'enseignement supérieur moins performant. Nous améliorerons la justice sociale en améliorant le système scolaire pas en le détraquant.

Surtout que, les écoles voulant quand même sélectionner leurs élèves en fonction du niveau, elles finissent par « mettre des bonus en fonction du lycée d'origine, en regardant le taux de réussite, le taux de mentions très bien, l'historique des établissements. » je cite Mourad Kchouk, proviseur adjoint des classes préparatoires du lycée public Janson de Sailly[7]. Difficile de faire moins bien pour les injustices sociales.

---

[7] https://etudiant.lefigaro.fr/article/sur-parcoursup-les-eleves-moyens-des-bons-lycees-sont-ils-desavantages_b184a4ba-5aaa-11eb-9ad1-c52cc1cea18c/

Des examens nationaux chaque fin de semestre

Ce que je propose c'est qu'à partir de la classe de 4e, l'année soit découpée en semestre. Et qu'à la fin de chaque semestre, il y ait des examens nationaux. Tous les élèves ont donc le même sujet. Les copies sont distribuées électroniquement dans toute la France pour être corrigées. Nous pourrons ainsi vérifier que tous les correcteurs notent de la même façon, en comparant les moyennes et les écarts types de tous les correcteurs. Nous nous s'assurons ainsi que toutes les notes signifient la même chose.

On peut me répondre que cela n'est pas réalisable en prenant en exemple les difficultés d'organisation au brevet ou au bac, mais l'objectif est qu'en rendant cela régulier, tous les six mois, et sur toutes les classes, nous arrivons à rendre cela habituel, rodé et donc efficace.

Pour les corrections, effectivement cela nécessite que les copies soient scannées. La distribution peut être automatisée sur l'application. À la demande du correcteur elles peuvent être réimprimées. Elles sont ensuite corrigées. Il est simplement demandé au correcteur de faire ses commentaires sur un fichier à part, de façon à ne pas avoir à rescanner toute la copie avec les commentaires. Le scannage est laborieux effectivement, mais l'impression peut être rapide et la correction ne change pas beaucoup par rapport à un contrôle classique.

Pour le bac, les correcteurs doivent aller à des commissions d'entente pour améliorer l'harmonisation des résultats. Dans ma proposition, cela ne se fait pas tous les six mois, ni pour tous les différents niveaux (Tle, 1ère, 2nd, 3e, 4e). Il faudra trouver la bonne combine pour les limiter au maximum tout en gardant une harmonie maximale.

Chaque année au bac, en fonction des matières, les correcteurs doivent parfois corriger plus de cent copies. Cela implique nécessairement que tous les professeurs de classe de terminale ne sont pas correcteurs au bac. C'est impossible avec ma proposition. La correction fait partie du rôle de l'enseignant, il le fait actuellement avec sa classe, avec ma proposition, il le fait avec des copies de toute la France mais cela ne doit pas lui demander plus de travail.

Quant à l'organisation des épreuves elles-mêmes, cela ne doit pas perturber les enseignements pour les classes de 6e, 5e par exemple. Il n'y a aucune raison pour que cela les perturbe ainsi, les élèves ont déjà des contrôles en temps normal, il s'agit juste de nationaliser les sujets et les corrections.

Donc cela est tout à fait faisable, en adoptant une organisation réfléchie qu'il faudra travailler. Tout doit être le plus simple possible pour tous les acteurs.

Pour les étudiants enfin, certains diront que cela augmentera le stress qu'ils subissent. Mais le stress en tant que tel n'est pas grave, il faut que les élèves apprennent à le gérer. Ce qui peut être dangereux par contre c'est le stress continu sur une longue période. C'est justement ce que peut provoquer l'école actuellement. Les étudiants sautent de contrôle en contrôle, chaque semaine ou presque il y a des échéances. Cela peut avoir des conséquences pour certains. Ma proposition est plus saine de ce côté-là. Je ne propose pas qu'il n'y ait plus aucun contrôle durant le reste du semestre, mais ils seront selon la volonté de l'enseignant. Ce qui compte c'est les résultats aux examens. Les professeurs peuvent donc ne plus du tout faire de contrôle, en faire régulièrement ou de manière différente. En tout cas leurs notes n'ont plus d'autres enjeux que d'indiquer à l'élève son niveau.

Les diplômes du bac et du brevet pourraient simplement être une moyenne pondérée de plusieurs examens semestriels.

L'utilisation de ces données pour améliorer l'éducation nationale

Le ministère aura ainsi les moyens de détecter, que les élèves qui viennent d'une école primaire spécifique ont un niveau moyen à l'entrée en classe de 4e plus faible que le niveau national. Des mesures pourront donc être prises pour comprendre ce qui se passe dans cette école primaire et trouver des solutions. Il pourra faire de même avec les collèges.

Le but de ce manifeste est unique : améliorer le système scolaire. C'est-à-dire augmenter le niveau scolaire et améliorer le bien-être à l'école. Améliorer le système scolaire, c'est améliorer l'enseignement. Politiquement nous pouvons faire beaucoup de choses pour essayer d'améliorer l'enseignement. Néanmoins, l'impact restera limité. L'enseignement ne peut être vraiment amélioré que par ceux qui la dispensent : les enseignants. Dès lors, l'objectif du politique doit être de leur en donner les moyens.

Pour que l'enseignant puisse améliorer l'enseignement qu'il dispense, il faut qu'il puisse l'analyser, et qu'il ait l'objectif clair en tête de le perfectionner.

Aujourd'hui ils n'ont pas de retour sur l'enseignement qu'ils proposent, et sur l'évolution du niveau des élèves. Ils peuvent évidemment savoir si leurs élèves ont compris, grâce à leurs contrôles, mais étant donné que c'est l'enseignant qui élabore le sujet et qui le corrige, ce n'est pas des données très fiables, même en étant de bonne volonté. Ils ne peuvent pas non plus comparer l'évolution du niveau de leurs élèves avec l'évolution nationale. Ils n'ont pas non plus d'informations sur le niveau à l'origine de leurs élèves.

L'objectif de ma proposition est donc d'avoir une idée très précise du niveau de chaque élève à chaque semestre. L'enseignant peut ainsi avoir un retour sur l'évolution de ses élèves.

Il pourra se faire des réflexions telles que : "La moyenne des élèves dans cette matière avant l'entrée dans la classe était de 13,4 avec 2 d'écart type. Sur cette année, sur les 2 examens de fin de semestre, la moyenne est de 12,8 avec 2,5 d'écart type. La moyenne a donc baissé de 0,6 et l'écart type est resté stable. Au niveau national, la baisse de la moyenne est de 0,7, sans changement de l'écart type. Cette classe a donc légèrement augmenté son niveau par rapport à l'évolution nationale. C'est bien, l'année dernière le niveau de la classe avait beaucoup baissé et j'avais une approche beaucoup moins personnalisée pour chaque élève. Cela marche donc bien, je suis sur la bonne voie."

D'autant qu'avec ma proposition de mi-temps en classe, l'enseignant n'est plus seulement le passeur de savoir mais aussi l'organisateur de l'enseignement. C'est lui qui demande aux élèves de voir au minimum ces vidéos et de faire au minimum ces exercices. Il aura ainsi un retour sur ce qui marche et ce qui ne marche pas.

Finalement ce que je propose c'est que le professeur puisse faire des remises en question constructive de sa façon d'enseigner. Le but n'est pas de culpabiliser. Sans retour fiable sur la progression des élèves, toute volonté d'amélioration de l'enseignement est sapée. C'est donc fondamental

Finalement ce que je propose, c'est de supprimer l'opposition entre le professeur et la classe. Actuellement certaines classes sont en confrontation continue avec leurs enseignants. Avec les examens, ce n'est donc plus le professeur de la classe qui note et qui juge les élèves. Il devient donc l'allié de la classe pour atteindre les bonnes notes.   Cela devrait vraiment apaiser les échanges en classe.

Finalement ce que je propose, c'est qu'on puisse évaluer ce qui marche et ce qui ne marche pas, dans les vidéos à visionner sur l'application, dans les exercices proposés, dans les méthodes pédagogiques (classe inversée par exemple), dans des outils numériques proposés aux élèves… (Le nombre de startup proposant des solutions est impressionnant et peut être que l'éducation nationale pourrait en profiter. Encore faut-il tester leur impact)

Finalement ma proposition est d'améliorer le système scolaire. Connaitre le niveau de chaque élève dans chaque classe est l'outil le plus important pour le faire. C'est donc ma proposition la plus importante et la plus nécessaire. Nous ne pouvons pas ambitionner d'améliorer l'enseignement sans nous donner les moyens de l'analyser.

Point sur la protection des données

Résumons les données que nous avons sur chaque élève.

1) Nous avons toutes les classes de l'élève depuis sa maternelle. Nous avons ainsi accès à tous ses professeurs, et tous ses camarades de classe de toute sa scolarité.

2) Nous avons toutes les appréciations des professeurs et les bulletins de notes associés.

3) Nous avons toutes ses notes d'examens semestriels, de la 4e à la terminale.

4) Nous avons tous les exercices faits et leurs résultats, ainsi que toutes les vidéos vues.

5) Nous avons une évaluation de ses compétences au cours du temps. Et donc les lacunes que l'élève a eues et quand elles ont pu être comblées (les lacunes sont des compétences que l'élève devrait avoir mais qu'il n'a finalement pas)

6) Nous avons tous les parcours annexes suivis et les projets réalisés associés.

Evidemment dit comme ça, cela peut faire peur. Utiliser l'analyse des données pour améliorer un produit ou un service (comme c'est le cas ici) est très efficace mais cela révèle un danger majeur de vie privée.

L'existence de ces données, si elles ne sont pas utilisées correctement, peut devenir préjudiciables pour les élèves. Il faut donc fixer très précisément qui a accès à quoi. Donc pour tous les points précédents, 1) 2) 3)..., voici mes propositions d'accès des données.

1) L'élève doit avoir accès à son parcours. Les enseignants peuvent aussi avoir accès aux classes qu'ils ont eues.

2) Seul l'élève doit avoir accès à l'historique. Les enseignants ne doivent pas y avoir accès, car cela pourrait jeter un apriori sur l'élève, alors que celui-ci peut avoir changé.

3) L'élève et les différents professeurs qu'il a eus. Cela d'ailleurs peut permettre à l'enseignant d'avoir un retour sur l'impact de son enseignement au long terme.

4) L'élève et le professeur de la matière.

5) L'élève et chaque professeur a l'historique, mais n'aura pas l'évolution ultérieure de l'élève

6) L'élève et tous ses professeurs.

Lors de l'admission dans le supérieur, seul 2) 3) et 6) sont envoyés.

Le service de direction de chaque lycée est considéré comme professeur de ses élèves pour qu'il puisse améliorer son fonctionnement et pour qu'il puisse proposer des accompagnements plus personnalisés. Il pourra aussi aider tout le personnel enseignant à améliorer l'enseignement dispensé, puisqu'ils ont accès à toutes les évolutions de tous les élèves, ils ont donc accès aux statistiques de chaque enseignant.

Si l'on veut vraiment transformer l'éducation, il ne faudra pas seulement faire des réformes mais aussi lancer la recherche sur les questions pédagogiques. Le jeu de données précédemment détaillé peut être extrêmement intéressant à analyser pour comprendre et améliorer le système scolaire. Dans ce cas un accès exceptionnel à l'ensemble de ces données ou une partie en fonction du besoin peut être cédé aux chercheurs. Les données doivent demeurer anonymes.

L'ensemble de l'application doit être très sécurisé face aux attaques pirates car il s'agit de données sensibles.

Bilan budgétaire

Coût de l'ensemble de la proposition

L'objectif de cette estimation n'est pas d'être précis. Le but est uniquement de donner une idée des coûts que pourraient engendrer mes propositions.

Un ordinateur portable par élève à l'entrée en seconde : 380 millions d'euros/an

Des ordinateurs d'excellente qualité existent à partir de 650€, donc en achetant en gros nous pouvons en avoir pour 500€ maximum par ordinateur. Soit pour les 760 000 élèves entrant en seconde chaque année, un coût de 380 millions d'euros.

Construction et adaptation des environnements en espace agréable pour travailler en autonomie : 5 milliards d'euros, une fois

Il s'agit d'une estimation très peu fiable, car cela dépend de la proportion d'aménagement que l'on arrive à adapter. Normalement, il devrait y en avoir beaucoup puisque les salles de classe pourraient être 2 fois plus petites. En me basant sur une estimation des couts des chantiers pour la construction de bibliothèque, j'obtiens un cout de travaux de 5 milliards d'euros.

Coût en salaire du personnel des bibliothèques 740,4 millions d'euros/an

Si l'on veut ouvrir 80 heures par semaine, avec un bibliothécaire pour 60 élèves. Alors si nous considérons que le salaire brut d'un bibliothécaire est de 2500€ brut par mois pour 35h. Cela nécessiterait l'embauche de 24 680 bibliothécaires et donc un coût salarial de 740,4 millions d'euros.

Coût des examens -25,5 millions par an

Le coût du bac en 2017, selon le ministère de l'éducation national, le coût du bac est de 80€ par candidats. Soit 57,5 millions d'euros par an[8].

Le coût du brevet en 2017 était de 4€ par candidats[9]. Soit un coût de 3,2 millions d'euros par an.

La différence s'explique notamment par le fait que les correcteurs sont rémunérés pour la correction des copies du bac. Dans ma proposition, il est clair que les correcteurs ne peuvent pas être rémunérés. Il est considéré que cela fait partie du métier.

Nous pouvons donc garder le cout du brevet. Nous avons 10 examens : 2 par an sur 5 ans. Nos examens nous coûteraient 32 millions d'euros.

---

[8] https://www.nouvelobs.com/education/bac-2017/20170613.OBS0685/700-000-candidats-4-millions-de-copies-le-bac-2017-en-chiffres.html
[9] https://www.education.gouv.fr/diplome-national-du-brevet-tout-savoir-sur-la-session-2019-2651

Coût de la création de l'application et des contenus : négligé

Le coût de la création de l'application est certainement important car de nombreuses fonctionnalités sont à développer. Les contenus aussi, représentent un coût de création important. Il ne faut d'ailleurs pas hésiter à mettre le prix pour ces contenus, car leur impact est majeur. Ils peuvent être créés ou rachetés à d'autres acteurs.

Ces coûts sont importants mais pas du même ordre de grandeur que les autres. Nous les négligerons ici non pas parce qu'ils sont négligeables, mais parce que la marge d'erreur est tellement importante sur les autres estimations que l'on n'est pas sur ce degré de précision.

Coût de la prime pour la classe préparatoire : 200 millions d'euros/an

La classe préparatoire demande plus de travail de correction de la part des enseignants. Une prime doit être associée à cette augmentation du temps travaillé.

760 000/15= 50 500 classes de seconde.

On aurait 11,25h de cours par semaine concerné, par le mi-temps et donc par l'augmentation du travail lié à la classe préparatoire.

Si l'on fait une prime unique de 350€ par heure de cours hebdomadaire en distanciel à corriger. Cela représenterait une prime de 700€ par professeur de Maths ou de Français, en fin de semestre, en rétribution aux corrections et au suivit supplémentaire nécessaire de la classe préparatoire. C'est beaucoup, mais cela semble à hauteur du travail nécessaire pour bien accompagner les élèves dans ce nouvel environnement à mi-temps.

Conclusion : une augmentation du budget équivalant à 0,8%

On aurait une augmentation de 1,3 milliard d'euros par an du budget de l'éducation nationale. Sachant que le coût de l'éducation nationale est de 160 milliards d'euros par an. Cela représente une augmentation du budget de 0,8%.

Augmentation du salaire des enseignants au lycée

Selon la note d'information du ministère de l'éducation[10]. Les enseignants annoncent passer 8 heures par semaine à préparer leurs cours en moyenne, 6 heures par semaine à corriger des copies. Donc 14 heures sur ces deux taches. Les professeurs annonçant travailler 41h par semaine, cela représenterait plus d'un tiers de leur temps de travail.

L'objectif de ma proposition est aussi de faire gagner beaucoup de temps aux enseignants. D'abord sur la préparation du temps passé avec les élèves : Ceux-ci apprenant déjà leurs cours sur

---

[10]   https://www.education.gouv.fr/les-enseignants-du-second-degre-public-declarent-travailler-plus-de-40-heures-par-semaine-en-moyenne-10784

l'application il y a au minimum la moitié du travail de préparation en moins. Au minimum car la préparation de la partie « cours » prend généralement beaucoup plus de temps que la partie « exercice ». Ensuite faire des contrôles et donc les corriger n'est plus obligatoire. Je suppose néanmoins qu'ils sont efficaces pour faire travailler l'élève et pour lui donner une indication de son niveau. Ils continueront donc certainement d'exister. Néanmoins, il existe pleins de solution pour remplir ces objectifs sans corriger de copies. D'abord pour de nombreuses compétences, l'évaluation peut être faite sur l'application et donc corrigé automatiquement. Ensuite nous pourrions très bien imaginer faire un contrôle dans les conditions de l'examen, mais ne pas corriger les copies.

Cela requiert un peu d'imagination, mais je suis certain que l'on peut mettre en place plein de solutions pour faire gagner du temps aux enseignants.

Ce temps gagné, il est précieux, nous pouvons le réinvestir dans des classes de soutiens, dans une diminution du nombre d'élèves par classe au collège… Nous pouvons aussi le répercuter sur le salaire des enseignants.

Si nous arrivons à gagner 5 heures par semaine dans l'emploi du temps des professeurs, 12,5% de leur temps de travail. Nous avons alors la possibilité, en diminuant le nombre de professeurs au lycée de 12,5% par des départs non remplacés, ou des déplacements de postes sur du collège ou dans les bibliothèques, nous pourrions alors faire une augmentation de 12,5% sur le salaire de tous les enseignants du lycée, sans augmenter le budget accordé au lycée général et technologique

Le salaire moyen d'un professeur certifié au lycée étant de 2695€/mois bruts il passerait à 3031€/mois

Conclusion

L'objectif de ce manifeste est de proposer une version plus souple et plus performante de notre système éducatif.

Plus souple, car le professeur a moins d'élèves devant lui, et parce qu'il connaît leurs difficultés, grâce à l'analyse des données.

Plus souple, car les élèves sont acteurs de leur formation, ils peuvent choisir leurs méthodes d'apprentissage, grâce au mi-temps en autonomie. Ils peuvent également choisir ce qu'ils veulent approfondir grâce aux formations annexes.

Plus souple, car le gouvernement peut créer rapidement une nouvelle formation annexe et la mettre en avant. Combinée au système de spécialité déjà en place, le lycée devient un outil dont le gouvernement peut se servir pour soutenir la politique publique.

Plus performante, car devant des classes de 15 élèves, les professeurs peuvent enseigner sereinement sans problème d'autorité ; Etant donné que ce n'est plus l'enseignant qui note et qui juge, le professeur devient l'allié des élèves pour avoir de bonnes notes, ce qui apaisera les relations en classe. Les enseignants peuvent aussi s'attarder plus longtemps sur les difficultés de chaque élève et ainsi tenter de les combler. Enfin, grâce aux examens semestriels, les professeurs ont un retour complet sur la qualité de l'enseignement donné, ils ont donc les moyens de l'améliorer.

Plus performante, car les élèves écoutent des cours préparées minutieusement et ils ont tous un cadre approprié pour travailler.

Plus performante et plus juste, car le ministère peut savoir avec précision les établissements où les élèves ne progressent pas. Le ministère est donc dans la capacité d'y remédier.

Plus performante enfin, car les admissions dans le supérieur fonctionnent mieux. Les étudiants savent ce qu'ils veulent faire, et les écoles peuvent choisir des niveaux plus homogènes dans des domaines spécialisés.

L'objectif de ce manifeste est de proposer une version du système scolaire où tous les élèves peuvent s'épanouir quel que soit leur niveau, et où les professeurs ont les moyens de leur apporter le meilleur.

Mathis FLAVIN

Synthèse des propositions

1 **Créer une plateforme numérique d'enseignement avec tous les cours de chaque niveau de la 6e à la terminale.** Les cours vidéo ont l'avantage de pouvoir être préparés minutieusement. Il est possible de tourner plusieurs vidéos et de sélectionner les meilleures. Pour chacune d'elles, les réalisateurs peuvent rédiger un script, gérer un rythme et faire plusieurs prises. L'enseignant ne peut pas atteindre un tel niveau de préparation pour tous les cours de sa journée. Les élèves pourraient donc ainsi reprendre leurs cours chez eux.

2 **À partir du lycée mettre toutes les classes de filière générale et technologique en demi jauge.** Les élèves travailleraient seulement la moitié du temps en classe, mais en groupe de 15 étudiants. Ce temps serait consacré aux exercices tandis que le cours pourrait se faire en autonomie sur la plateforme numérique d'enseignement.

3 **Fournir un cadre de travail aux élèves du secondaire.** Au lycée, le travail personnel des élèves est déterminant pour leur succès. Or, certains lycéens n'ont pas de lieu approprié pour travailler. C'est le cas le plus critique, mais plus généralement, de très nombreux étudiants préfèrent travailler en bibliothèque que chez eux. Il est donc nécessaire d'adapter dans les lycées des espaces de travail en autonomie, mais aussi d'allonger les plages d'ouverture des bibliothèques, qu'elles passent de trente heures d'ouverture en moyenne, à quatre-vingts heures.

4

Faire du premier semestre de seconde une classe préparatoire à la demi-jauge. L'objectif est de donner des habitudes de travail aux nouveaux lycéens en comblant le temps de travail en autonomie par des devoirs-maison. Nous pouvons ainsi s'assurer que ce temps soit réellement passé à travailler. Dans un premier temps, ces devoirs-maison seraient à rendre régulièrement. Puis dans un second temps ils seront tous à rendre à la fin du semestre.

5

Ajouter sur l'application des parcours annexes permettant aux élèves d'avoir l'idée et la possibilité de se former dans des domaines divers tels que : le développement web ou mobile, l'intelligence artificielle, l'électronique, la robotique, l'illustration, la musique, le design, la photo, la vidéo, la cuisine et les métiers d'artisanat. L'objectif est d'inciter les étudiants à se découvrir des passions qui leur donneront des idées d'orientation professionnelle. C'est aussi une question de bien-être et de fierté pour les élèves.

6 **Faire lire aux lycéens au moins un livre de non-fiction par semestre.** C'est une façon très efficace de compléter la formation des élèves. Ils devront choisir un livre sur un domaine de leur choix et rendre un document résumant leurs réflexions sur ce livre. L'objectif est de pousser les élèves à découvrir de nouveaux domaines ce qui donnera des idées d'orientation professionnelle.

7 **Ajouter l'entreprenariat comme nouvelle spécialité au lycée.** Avec les formations annexes proposées, les élèves arrivent déjà au lycée avec quelques compétences utiles. Ils peuvent donc trouver une idée qu'ils sont capables de réaliser et vendre leurs premiers produits. L'objectif de cette spécialité, n'est pas de créer des entreprises viables, il s'agit plutôt de donner l'idée et l'envie d'entreprendre et ainsi de se garantir un dynamisme économique important. L'évaluation serait des oraux où les élèves doivent démontrer leur progression.

8 **Enseigner l'art plastique, la musique et la technologie par les projets.** Supprimer les trois heures d'enseignement obligatoire. Au lieu de cela les élèves devront choisir, au minimum, deux formations annexes par an, et par conséquent rendre deux gros projets. Les enseignants de ces matières pourraient aussi organiser des projets plus ambitieux avec des groupes d'élèves.

9 Transformer l'Histoire Géographie en Histoire et Sciences sociales. L'historien n'étudie pas le passé, il observe le temps qui passe. De même dans cette matière nous ne devons pas étudier les faits passés mais leur évolution et les raisons de celle-ci. L'histoire doit donc être utilisée pour enseigner aux élèves la sociologie, l'économie et la géopolitique. Nous n'avons pas le temps d'enseigner ces domaines de manière indépendante, mais les fondamentaux peuvent être enseignés en Histoire et Sciences sociales.

10 À partir du lycée, l'évaluation en Histoire et sciences sociales devrait être l'uchronie. Un événement dans l'histoire est changé et les élèves doivent essayer d'analyser les conséquences que cela entraînerait. Cela nécessite une fine compréhension du contexte politique économique et social de l'époque en question. L'objectif de cette matière est que les élèves, futurs citoyens, soient capables de faire des uchronies sur le présent. « Si nous prenons cette décision au lieu de celle-ci, quelles conséquences cela aurait sur notre futur ?»

11 Dès la classe de 4ᵉ, transformer le Français en Rhétorique. A la fin du collège et surtout à partir du lycée, le but de la matière n'est plus d'enseigner la lecture et l'écriture sans fautes d'orthographe, l'objectif est d'analyser des courants et des styles littéraires. Quel est le but de cette analyse s'il n'est pas de s'en inspirer pour améliorer nos propres rédactions ? Ce que je propose c'est qu'après chaque analyse d'un style littéraire, il soit demandé aux élèves d'écrire un texte dans ce style. C'est également ainsi que les élèves devraient être évalués.

12

Utiliser l'analyse des données pour combler les lacunes de chaque élève. L'analyse des données est la révolution de ce demi-siècle. Il y a un gros potentiel pour l'Education Nationale. Avec les exercices faits sur l'application et les contrôles faits en classe, on pourrait détecter les lacunes de l'élève. Nous pourrons ainsi facilement lui proposer des exercices et des vidéos pour les combler.

13

Des examens nationaux chaque semestre à partir de la classe de 4e. Pour les admissions dans le supérieur et pour améliorer le système scolaire, il faut disposer d'un indicateur fiable du niveau de chaque élève. Avec ces examens nationaux, chaque établissement, chaque enseignant pourrait ainsi connaître l'évolution du niveau des élèves et le comparer à l'évolution moyenne nationale. Tous les professeurs auraient donc un retour fiable sur la qualité de l'enseignement qu'ils prodiguent. Le fait de disposer de telles données permettrait d'améliorer le système scolaire.

14 **Augmenter le salaire des enseignants du lycée de 12,5%.** Avec le mi-temps en classe pour les élèves, les enseignants passent moins de temps à créer et préparer leurs cours. En le comparant avec des statistiques sur le temps travaillé des enseignants, j'ai estimé que l'on pouvait gagner cinq heures par semaine dans l'emploi du temps de chaque professeur. Cela représente 12,5% du temps de travail. Si on le transforme en temps passé devant les élèves, alors en faisant des départs non remplacés ou des déplacements de postes, il serait possible de répercuter ces 12,5% sur le salaire des enseignants. Cela ferait passer le salaire moyen de 2695€/mois à 3031€/mois.

15 **Toutes ces propositions seraient financées par une augmentation de 0,8% du budget de l'éducation nationale.** J'ai estimé toutes les économies et dépenses des dernières propositions. Le coût de l'ensemble est de 1,3 milliard d'euros soit 0,8% du budget.

Merci à
Sophie LEBAS
Léonille STOS
François BELCOURT
Et mes parents, Edouard et Valérie FLAVIN
Pour leurs critiques, leurs retours et leur soutient